615

V. 2 Lex.

Salcones 8689

29298

EXERCICE

EN GENERAL

DE TOUTES LES MANEUVRES
qui se font à la Mer, en toutes les
occasions qui se peuvent presenter.

FAIT par *Monsieur le Chevalier* DE
TOURVILLE, *Lieutenant General
des Armées Navales du Roy, à bord
de l'Eveillé, en presence de tous les
Officiers.*

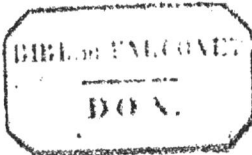

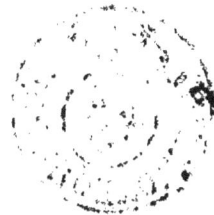

AU HAVRE DE GRACE,
Chez JACQUES HUBAULT, Marchand
Libraire, Imprimeur du Roy
& de la Ville.

M. DC. XCIII.

EXERCICE EN GENERAL

de toutes les Manœuvres qui se font à la Mer, en toutes les occasions qui se peuvent presenter ; fait par Mr. le Chevalier de Tourville, Lieutenant General des Armées Navales du Roy.

PREMIEREMENT.

Pour faire vent arriere en appareillant d'un beau temps, il faut dresser la barre du Gouvernail, & gouverner en virant sur le Cable, afin que le Navire ne se traverse point, d'un bord ni d'autre.

SILENCE MATELOTS.

Pilote dressez la barre du Gouvernail.
Passez le tournevire au Cabestan.
Passez les barres au Cabestan.

Saisissez le tournevire au Cable en avant des Bittes.

Virez deux tours de Cabestan pour roidir le tournevire.

Alte au Cabestan.

Débossez le Cable en arriere des Bittes.

Abossez le Cable en avant des Bittes.

Débittez le Cable.

Saisissez le Cable & le tournevire avec des garcetes.

Virez le Cabestan.

Alte le Cabestan.

Larguez la fourure du Cable.

Virez le Cabestan.

L'on vire toûjours pendant que l'on fait les Manœuvres suivantes.

Larguez à babord les bras , & un peu des carguepoints de la Mizaine & du petit Hunier.

Larguez à stribord les Boulines , les bras & un peu des carguepoints de la Mizaine & du petit Hunier.

Brassez à stribord la Mizaine & le

petit Hunier , amarez les bras de
ſtribord.

Matelots des Vergues, Haut.

Démarez les garcetes des voiles des
bouts de vergue.

Larguez-les en même temps , & jettez
les en avant des voiles.

Larguez les carguefonds & les cargueboulines du petit Hunier.

Larguez les rabans du point du petit
Hunier.

Jettez le petit Hunier hors la Hune.

Halez les boulines du petit Hunier
pour mettre hors la Hune.

Larguez les points & les boulines du
petit Hunier.

Matelots des Vergues du pe-
tit Hunier & de l' Arti-
mon , Bas.

Alongez les écoutes du petit Hunier.

Bordez le petit Hunier.

Amarez les écoutes du petit Hunier.

Alongez la driffe du petit hunier.

Larguez les bras du petit hunier.

Hiffez le petit hunier.

Pefez fur les balancines du petit hunier.

Amarez la driffe du petit hunier.

Halez la bouline de revers du petit hunier.

Amarez les bras & les boulines du petit hunier.

Mettez le linguet au cabeftan.

Hors du cabeftan.

Alongez le garan du capon.

Acrochez le capon à l'arganeau de l'ancre.

Paffez la boffe fans l'arganeau.

Caponez l'ancre à joindre au boffoir ; & halez la boffe de l'ancre en même temps.

Filez le cable.

Amarez le capon à la boffe.

Prenez l'herfe.

Frapez-le fur la pate de l'ancre.

Acrochez-y le capon.

Hiffez la pate de l'ancre.

Amarez le palanc.

Paſſez là ſerre - boſſe ſur la pate de
  l'ancre.
Saiſiſſez la boſſe ſur la pate de l'ancre.
Saiſiſſez l'ancre contre le bord.
Prenez l'orin & halez la boüée dans le
  bord.

---

*Parez - vous ſur toutes les
Manœuvres , pour faire
ſervir les voiles vent arriere.*

SILENCE MATELOTS.

Larguez la bouline de revers du petit
  hunier.
Larguez les bras de Mizaine & du petit hunier à ſtribord , & braſſez - les
  à babord juſques à ce que les voiles portent.
Larguez les garcetes des fonds de
  Mizaine.
Laiſſez tomber les fonds de la Mizine.

Affalez les fonds & les cargueboulines.
Larguez les points de la Mizaine.

Matelots de la Vergue de Mizaine, Bas.

Lors que le Navire arrive facilement, on commande ce qui suit.

Bordez les écoutes de Mizaine babord
    & stribord, à faire toucher la ralingue au premier auban.
Amarez les écoutes.
Dreſſez les vergues.
Larguez les carguefonds , & les car-
    gueboulines du grand hunier.
Larguez les rabans des points du grand
    hunier.
Jettez le grand hunier hors la hune.
Alongez les écoutes du grand hunier.
Larguez les points & les boulines du
    grand hunier.
Bordez le grand hunier.
Alongez la driſſe du grand hunier.
                Amarez

Amarez les écoutes du grand hunier.

Hiffez le grand hunier.

Pefez fur les balancines du grand hunier.

Amarez la driffe du grand hunier.

Matelots de la Vergue du grand Hunier, Bas.

Larguez les garcetes du fond de la grande voile.

Larguez les fonds & les cargueboulines de la grande voile.

Larguez les points de la grande voile.

Affalez les fonds & les cargueboulines de la grande voile.

Matelots de la grande Vergue, Bas.

Bordez les écoutes de la grande voile, faire toucher la ralingue au premier auban.

Amarez les écoutes.

B

Dreſſez les vergues.

Roüez toutes les Manœuvres.

Parez - vous ſur toutes les Manœuvres pour moüiller vent arriere.

SILENCE MATELOTS.

Alongez les cargues des baſſes voiles.

Larguez les écoutes de la grande voile.

Carguez les points en même temps.

Carguez les fonds & les carguebou-lines.

Amatez toutes les cargues.

Matelots des Vergues, Haut.

Separez - vous bien ſur les vergues & ſur les marche-pieds.

Prenez les garcetes des vergues , & paſſez-les en arriere des voiles.

Serrez les baſſes voiles.

Matelots des Vergues de Hune, Haut.

Alongez les cargues du petit hunier.
Larguez les écoutes du petit hunier.
Carguez les points , les fonds & les
    boulines du petit hunier.
Mettez la ralingue dans la hune.
Amenez le petit hunier.
Amarez les cargues.
Serrez le petit hunier.
Pouſſez la barre doucement à venir
    au vent.
Braſſez le grand hunier ſur le maſt.

Matelots qui ſont ſur les Vergues de l'avant & ſur la grande, bas

Larguez les cargues d'artimon.
Bordez au vent l'écoute d'artimon.
Iettez la boüée à la mer.
Larguez la ſerre-boſſe de l'ancre.
Moüillez.

Exercice

Filez le cable.

Aboffez le cable en arriere des bittes.

Alongez les cargues du grand hunier.

Larguez les écoutes du grand hunier.

Carguez le grand hunier.

Mettez la ralingue dans la hune.

Amenez le grand hunier.

Amarez les cargues du grand hunier.

Serrez le grand hunier.

Matelots de la Vergue du grand Hunier, Bas.

Fourez le cable en avant des bites.

Defaboffez le cable.

Filez le cable, & mettez la fourure
hors la coupe-gorge du Navire.

Aboffez le cable.

Carguez l'artimon.

Amarez les cargues d'artimon.

Matelots de la Vergue d'Artimon , Haut.

Serrez l'artimon.
Dreſſez les vergues.
Roüez toutes les Manœuvres.

Matelots de la Vergue d'Artimon , Bas.

Parez-vous ſur toutes les Manœuvres
pour appareiller de bouline , & pour
abatre à ſtribord.

---

*J'ay déja démontré comme on
vire le Cable dans le bord ;
cette maniere ne ſe démon-
tre pas autrement de bouline
que vent arriere, c'eſt pourquoy je ne la repete point.*

SILENCE MATELOTS.

Braſſez les bras de Mizaine & de petit
hunier à babord , & ceux de l'ar-

riere à ſtribord.
Amarez les bras.

Matelots des Vergues, Haut.

Démarez les garcettes des voiles de
toutes les vergues.
Larguez-les en même temps, & jettez-
les en avant des voiles.

Matelots de l' Artimon & du bout des grandes Vergues, Bas.

Larguez les carguefonds & les cargue-
boulines des huniers.
Larguez les rabans des points des hu-
niers.
Jettez les huniers hors la hune.
Halez les boulines des huniers pour les
mettre hors la hune.
Larguez les carguepoints des huniers.
Alongez les écoutes & les driſſes des
huniers.

Matelots des Vergues de Hune, Bas.

Bordez les écoutes des huniers.
Amarez les écoutes des huniers.
Larguez les bras des huniers.
Hiſſez les huniers.
Peſez ſur les balancines des huniers.
Amatez les driſſes des huniers.
Amarez les bras des huniers.

Pilote , poſliſez la barre du Gouvernail.

Mettez le linguet au cabeſtan.
Hors du cabeſtan.
Halez les bras & la bouline du grand
   hunier.
Amarez les bras & la bouline du g nd
   hunier.
Larguez les cargues de l'artimon.
Bordez l'écoute d'artimon ſous le vent.
Amarez l'écoute d'artimon.
Changez la barre du Gouvernail.

Acrochez le capon à l'arganeau de l'ancre.

Alongez le garand du capon.

Caponnez l'ancre à joindre au bof-foir.

Filez le cable.

Halez la boffe de l'ancre.

Amarez le capon à la boffe.

Prenez l'herfe.

Frapez fur la pate de l'ancre.

Acrochez-y le palanc.

Hiffez la pate de l'ancre.

Amarez le palanc.

Paffez la ferre-boffe fur la pate de l'ancre.

Saififfez l'ancre contre le bord.

Prenez l'orin & halez la boüée dans le bord.

Larguez en avant les bras de ftribord & braffez-les à babord.

Changez la barre du Gouvernail.

Faites porter les voiles d'avant.

Amarez les bras des vergues de l'a-vant.

Halez la bouline du petit hunier.

Amarez la bouline.

Larguez

Larguez les garcetes des fonds des baffes voiles.

Laiffez tomber les fonds, & les points
des baffes voiles.

Affalez les fonds & les cargueboulines
des baffes voiles.

Matelots des grndes Vergues, Bas,

Larguez les balancines du vent des baffes voiles.

Amarez les baffes voiles.

Amarez l'écoüet des baffes voiles.

Bordez la grande écoute à faire toucher
la ralingue au premier auban.

Amarez la grande écoute.

Halez les bras & les boulines des voiles de l'arriere.

Amarez les bras & les balancines.

Tenez les bras des voiles de l'avant,
pour faire r'allier le Navire au vent.

Amarez les écoutes de mizaine.

Halez les bras & les boulines de l'a-
vant.

Amarez les bras & les boulines.

C

Halez l'écoüet sous le vent.
Roüez toutes les Manœuvres.

Parez-vous sur toutes les Manœuvres, pour virer, vent d'avant.

Pilote faites porter plein les voiles.
Matelots d'avant prenez garde à vous.
Pilote poussez toute la barre sous le vent.

A DIEU VA.

Brassez d'avant le petit hunier.
Larguez doucement l'écoute de mizaine.
Larguez la bouline de petit hunier.
Brassez sous le vent le petit hunier.
Larguez un peu de la bouline de mizaine.
Changez l'artimon.
Larguez les écoutes de la grande voile.
Levez le lof de la grande voile, &
de la mizaine en même temps.
Hissez le point de la grande voile.
Filez les bras & les boulines des
voiles de l'arriere.

Changez la barre du gouvernail.

Tenez les bras du vent des voiles de
l'arriere

Larguez-les doucement.

Amarez la grande voile à faire toucher la ralingue au premier auban.

Amaféz la grande écoute.

Arangez les voiles de l'avant.

Tenez les bras du vent des voiles
de l'avant, pour r'allier le Navire
au vent.

Larguez-les doucement.

Amurez la mizaine.

Amarez l'écoüet de la mizaine.

Bordez l'écoute.

Amarez l'écoute.

Halez les boulines des voiles de l'arriere, & les braffez en même temps.

Amarez les bras & les boulines des
voiles de l'arriere

Halez les bras & les boulines des voiles
de l'avant.

Amarez les bras & les boulines.

Halez les écoüets & les boulines deffous le vent.

Roüez toutes les Manœuvres.

Parez-vous sur toutes les Manœuvres, pour virer vent arriere.

SILENCE MATELOTS.

Pilote pouffez toute la barre pour arriver.

Larguez l'écoute d'artimon.

Carguez l'artimon.

Larguez doucement l'écoute & les bras de deffous le vent à la grande voile, & du grand hunier.

Braffez au vent les voiles de l'arriere à toûjours porter.

Larguez les boulines de l'arriere.

Levez le lof de la grande voile & pouffez l'écotier hors.

Bordez au vent la grande écoute.

Braffez les grands bras.

Dreffez les verguesde l'avant.

Larguez l'écoute de mizaine.

Larguez l'amure de mizaine & les boulines des voiles d'avant.

Bordez la mizaine à stribort.

Amarrez l'écoute de mizaine.

Dressez la barre du gouvernail.

Larguez les cargues d'artimon.

Bordez l'artimon.

Amarez l'écoute d'artimon.

Amurez les basses voiles.

Amarez les écoüets des basses voiles.

Bordez la grande voile à faire toucher la ralingue au premier auban.

Amarez la grande écoute

Bordez l'écoute de mizaine.

Amarez l'écoute de mizaine.

Halez les bras & les boulines des voiles de l'arriere.

Amarez les bras & les boulines.

Tenez les bras du vent des voiles de l'avant, pour faire r'allier le Navire au vent.

Larguez les bras du vent des voiles de l'avant.

Halez les bras & les boulines des voiles de l'avant.

Amarez les bras & les boulines.

Halez les écoüets & les boulines dessous le vent.

Roüez toutes les Manœuvres.

Pour moüiller de Bouline avec les quatre corps de voile.

Parez-vous fur toutes vos Manœuvres.
Larguez les boulines des baffes voiles.
Larguez les écoutes des baffes voiles.
Larguez les amures des baffes voiles.
Larguez les points , & les carguebou-
lines des baffes voiles.
Amarez les cargues.
Amarrez les balancines.

Matelots des Vergues , Haut.

Separez-vous fur toutes les vergues &
fur les marche-pieds.
Prenez les garcetes & les jettez en
arriere des voiles.
Serrez les baffes voiles.

Matelots des Vergues, Haut.

Matelots des grandes Vergues ,, Bas.

Pilote pouffez toute la barre à venir
  au vent.

Bordez au vent l'écoute d'artimon.

Larguez les bras des huniers fous le
  vent.

Larguez les boulines des huniers.

Braffez les huniers au vent & les mettez fur le Maft.

Larguez les écoûtes du petit hunier.

Mettez la ralingue dans la hune.

Amenez le petit hunier.

Amarez les cargues du petit hunier.

Serrez le petit hunier.

Jettez la boüée à la mer.

Larguez la ferre-boffe de l'ancre.

Moüillez.

Filez le cable.

Larguez les écoutes du grand hunier.

Carguez le grand hunier.

Mettez la ralingue dans la huné.

Amenez le grand hunier.

Amarez les cargues du grand hunier.

Serrez le grand hunier.

Aboſſez le cable.

Faites la fourure au cable.

Deſaboſſez le cable.

Filez le cable , juſques à ce que là fourure ſoit hors la coupegorge du Navire.

Aboſſez le cable.

Larguez l'écoute d'artimon.

Carguez l'artimon.

Amarez les cargues d'artimon.

Matelots de la Vergue d'Artimon , Haut.

Matelots des Vergues , Bas.

Dreſſez les vergues.

Roüez toutes les Manœuvres.

E XPLI-

EXPLICATION DES
Manœuvres cy-devant proposées.

IL eſt à remarquer que dans l'exer-
cice dont nous venons de parler,
on ne peut pas toûjours appareiller de
la même maniere par les varietez
des temps qui arrivent à la Mer, &
par les ſituations des lieux où on eſt ;
nous parlerons des differentes manieres
d'appareiller ou de moüiller.

Il y a des temps qui ne nous per-
mettent pas d'appareiller avec les huniers, il faut que l'occaſion nous faſſe
retrancher plus ou moins des voiles ſelon
le vent qu'il fait, l'on appareille quelquefois avec le petit hunier ſeul, &
d'autres fois avec la mizaine ſeule.

Lors qu'un Vaiſſeau eſt de bout au
vent & à la marée, il faut autant que

D

l'on peut faire abatre le Navire du côté
que l'ancre n'eſt point moüillé , afin
que l'ancre aïant laiſſé le fond , le cable en vienne avec plus de facilité , &
auſſi afin que le cable ne s'endommage
point en paſſant ſous le coupegorge du
Navire.

Il ne faut pas faire voile que l'ancre
ne ſoit caponnée , par la difficulté qu'il
y auroit à virer le cable dans le bord ,
ſi ce n'eſt que l'on y fuſt contraint par
quelque terre voiſine.

Il eſt auſſi à remarquer qu'en même
temps que l'on caponne , il eſt auſſi
neceſſaire de paſſer la boſſe dans l'arganeau , crainte que le capon venant
à rompre l'ancre n'allaſt une ſeconde
fois au fond , cet accident ſeroit dangereux ſi l'on eſtoit proche de terre ,
outre que l'on pourroit bleſſer des gens
qui ſeroient autour du cable ou dans la
foſſe aux cables.

De quelle maniere il faut éta-blir les Cables dans la fosse aux Cables.

LA plûpart des jeunes Officiers qui vont à la Mer, ne sçavent pas de quelle maniere les cables sont établis dans la fosse aux cables, ils sçauront qu'ordinairement dans les Vaisseaux du Roy à 3 ponts on porte huit cables, dont il y en a 3 ensemble espices, deux autres ensemble espices, & un cable de fourche, ou encore deux autres cables qui peuvent servir en cas que la roüée à 3 cables manquast ; les cables qui se mettent à stribord se roüent à la droite, & ceux de babord à la gauche par la situation des bittes, il faut toûjours que la grande roüée soit amarée au pied du mast de mizaine, les bouts des autres cables s'amarent à des bosses qui sont en bas, lors qu'on en peut être le maître en haut.

Ces bosses-là servent à retenir, la raison pourquoy une bosse fait plus de force en bas que celle d'en haut, c'est à cause que le cable passant par dessus l'écoutille, cela fait que le ply du cable qui est par dessus le retient de luy-même, & étant aidé par une bosse en arriere, la bosse retient avec plus de facilité sans faire beaçoup de force.

Difference des bosses à foüet, ou à boutons.

IL y a dans le Navire des bosses à foüet & à boutons, les bosses à boutons ne font pas un grand éfort, parce que les bosses à boutons ne faisant pas une demie clef sur le cable, elles font plus sujettes à glisser & à riper, & au contraire celles qui font à foüet font une demie clef sur le cable, & le retiennent avec plus de force sans glisser.

De quelle maniere l'on vire un Cable pour le mettre dans le bord.

DAns un beau temps il n'eſt pas neceſſaire de croiſer les garcetes pour virer en un cable dedans, il ſuffit de ſaiſir le cable & le tournevire avec les garcetes, mais lorſque le vent rafraîchit, il faut croiſer les garcetes ſur le cable & avec le tournevire, afin que le cable ne puiſſe gliſſer ; ſi l'on étoit contraint d'appareiller avec un temps forcé, il faudroit faire une demie clef avec le tournevire ſur le cable en avant des bittes que l'on nomme Marguerite, afin que le cable ne pût riper, quelquefois même il eſt neceſſaire lorſque l'ancre eſt à pic de fraper un palanc ſur le cable, & même de prendre l'orin de l'ancre, & de le mettre au petit cabeſtan, afin de faire laiſſer l'ancre.

De quelle maniere il faut faire filer un cable dans un grand coup de vent.

Ors qu'on eſt obligé de faire filer un cable dans un mauvais temps, il faut faire deux tours de bittes de crainte que le cable n'échape à filer, filer le cable en douceur & tâcher de ne point faire traverſer le Navire, afin que le cable venant d'être aboſſé ne faſſe trop de force ſur l'écubier, ſi l'on ne prenoit cette précaution, il ſeroit à craindre que donnant un ſaut à l'ancre elle ne vint à chaſſer ; il arrive ſouvent que filant le cable avec force le feur s'y met, c'eſt pourquoy il faut avoir de l'eau toute prête pour jetter ſur les bittes, l'on met la cheville à la tête de la bitte, afin que le cable ne paſſe point en filant par deſſus.

De quelle maniere on rafraî-chit un Cable dans un grand coup de vent.

Ors qu'on veut rafraîchir une fourure dans un grand coup de vent, il faut larguer les boffes de l'ar-riere des bittes qui font force, & les aboffer toutes molles & ployées, afin que larguant les boffes de l'avant le cable de luy-même ne file, que la lon-gueur que les boffes de l'arriere ont été ployées ; fi l'on ne prenoit point cette précaution, il arriveroit que le cable, en prendroit plus qu'il n'en fau-droit, & quelquefois la fourure du cable s'en-iroit toute dehors.

De la maniere d'afourcher dans la Mer de Ponant.

ON afourche felon la Marée, c'eft-à-dire que fi la marée eft Eft, & Oüeft, les cables feront Eft & Oüeft, on ne fçauroit a fourcher autrement à caufe des grans courans, la grande afourche eft ordinairement de trois cables, & le cable d'afourche d'un; la raifon pour laquelle on ne met qu'un cable à l'ancre d'afourche, c'eft afin de pouvoir plus facilement dépaffer le cable lors qu'il croife, fi le cable d'afourche étoit de deux cables, il feroit plus difficile à dépaffer par la quantité de cable qui refteroit dans le bord.

De

De la maniere d'afourcher dans les Mers de Levant.

DAns les Mers de Levant l'on n'afourche pas comme dans cel-le de Ponant, à cause qu'il n'y a pas de Marée ; lors qu'on est dans une Rade où le vent d'Est donne, l'on afourche Nord & Sud, afin que les deux cables fassent force en même temps, au contraire si l'on afourchoit Est & Oüest comme le vent, il n'y en auroit qu'un qui feroit force, la grande toüée doit être toûjours du côté que le vent fait plus de force.

E

*Pour afourcher dans une Rade
de la Mer Mediterranée,
lors qu'on aprehende un
grand coup de vent.*

LA groſſe Ancre étant moüillée à
l'Eſt, que je ſuppoſe être le tra-
verſier de la Rade, il faut embarquer
dans la chaloupe une ancre à toüer avec
autant de greſlin qu'on peut, & en tenir
toûjours un bout dans le Vaiſſeaux ;
voulant donc afourcher Nord & Sud,
comme il convient par le vent d'Eſt,
il faut porter l'ancre à toüer au Sud'Eſt
auſſi loin que l'on pourra, afin que
venant à virer dans le bord, on puiſſe
s'aprocher pour virer l'ancre d'afourche au ſud de la premiere ancre moüillée, ſi au contraire on portoit l'ancre
à toüer au Sud de la premiere grande
ancre moüillée, on ne pourroit virer
le Navire ſi à pic, que les deux ancres
puiſſent être Nord & Sud, il ſe trouve-

veroit que l'ancre d'afourche ne seroit plus qu'au Nord & au Sur-Oüest de la grande ancre ; de cette maniere l'on seroit mal afourché.

De la maniere qu'il faut parer les Cables pour afourcher étant à la voile de beau temps.

IL faut débitter les cables & les éloigner jusques au grand Mast, afin qu'il ne soit retenu par aucun endroit, & lors qu'on moüille l'ancre on le laisse filer à discretion, jusques à ce que l'on trouve à propos de moüiller l'autre, & quand le cable de la premiere ancre est assez filé, il faut moüiller l'autre ancre dont le cable doit avoir un tour de bittes pour pouvoir retenir le Navire, il ne faut pas alonger jusques au grand Mast le second cable de la maniere que l'on fait au premier, par la raison que le Navire n'ayant d'erre,

s'il y avoit plus de cable alongé que le
fond , la pate de l'ancre venant à tomber fur le dur , fon poids la pourroit
faire caffer , c'eft pourquoy l'on doit
prendre garde à cela & toûjours au
cable une braffe moins que le fond ,
afin que l'ancre étant tenuë , on luy
faffe prendre le fond avec plus de douceur , la raifon auffi pour laquelle il
n'y a point d'inconvenient en alongeant
le cable de la premiere ancre , c'eft
que le Navire allant de l'avant & ap-
pellant le cable de luy-même , l'ancre
paffe par deffous & ne tombe pas fi à
pic que fi le Navire étoit amorti , en
pareille occafion on doit ménager les
voiles pour en mettre plus ou moins qu'il
eft neceffaire.

Pour afourcher dans la Mer Mediterranée, lors qu'on est à la voile.

L'On fait les même Manœuvres que j'ay dit cy-devant pour les dispositions des cables, mais il faut ménager autrement la voilure, je suppose que le vent traversier soit Nord, & par consequent aforcher Est & Oüest; entrant en la Rade on carguera les basses voiles selon le vent qu'il y aura, & l'on mettra de bouline à babord ou à stribord l'amure selon qu'il conviendra au Navire, étant de bouline il faudra laisser tomber l'ancre que l'on voudra moüiller, & filant le cable en faisant porter plein à l'Est ou à l'Oüest selon que l'on sera amuré, & un peu auparavant de laisser tomber la seconde il faudra revenir au vent, & amener les huniers sur le Mast afin d'amortir le Navire & pour le laisser acculer;

& pour l'ancre étant moüillée on file-
ra le cable pour embraquer fur l'autre;
l'on afourche point de cette maniere
fur la Mer Oceane , fi ce n'eft pour
refouler quelque courant ou quelque
marée.

Pour moüiller de beau temps. à la fuitte d'une Armée, & pour bien prendre fon pofte.

Lors qu'on eft preft à moüiller vent
arriere pour prendre fon pofte, il
faut carguer les baffes voiles , ferrer le
grand hunier & amener le petit hunier
fur le ton , pour faire prendre l'ancre du
Navire , & quand on eft proche de
l'endroit où l'on veut moüiller , l'on
doit ferrer le petit hunier , & laiffer
tomber l'ancre en pouffant la barre du
gouvernail, qu'on ne moüille pas, afin
que venant au vent le cable ne vienne
pas fous la coupegorge du Navire ; au-

paravant de moüiller il faut alonger le cable jufques au grand Maft , & prendre un tour de bitte fans aboffer le cable afin que la refiftance qu'il aura à filer puiffe infenfiblement faire amortir le Navire.

Pour moüiller vent arriere avec la mizaine feule dans une groffe mer & un temps forcé.

IL faut alonger le cable jufques au grand Maft , & prendre deux tours de bittes afin que l'ancre venant à moüiller , l'ancre prenne fond & ne puiffe chaffer par la force qu'elle fait fut le cable , qui aïant deux tours de bittes ne fe file pas fi aifément ; fi l'on n'allongeoit pas le cable , il arriveroit que l'ancre ne prendroit pas fond , & l'on ne pourroit filer qu'avec peine, les deux tours de cable étant pris fur les bittes , toutes les manœuvres étant

ainſi diſpoſées , il faut carguer la mizaine & la ſerrer , border l'artimon
lorſque le Navire commence à venir
du bord que l'on veut moüiller , & ſi-
toſt qu'il eſt amorti & qu'il commence
à dériver le côté à travers , il faut
laiſſer tomber l'ancre du côté du vent ,
afin que lors que l'on file le cable ne
ſe trouve point ſous le compegorge du
Navire. , il faudra filer du moins un
cable & demy avant que de l'aboſſer ,
afin que le Navire venant à faire tête
il faſſe moins de force ſur l'ancre & ſur
le cable , je me ſuis trouvé moüillant
ſur le drogueban dans un grand coup
de vent , & une groſſe mer venant
trouver l'Armée vent arriere avec la
civadiere ſeule , être contraint par le
vent à la groſſe Mer d'amener les vergues & les Maſts de hune auparavant
que de moüiller l'ancre , dans la crainte que j'avois qu'il ne m'arrivaſt un
accident faiſant tête à mon Navire ;
lors qu'on eſt moüillé dans une Rade
ſans être afourché & que la marée eſt
plus forte que le vent , il faut toûjours
avoir

avoir des voiles prêtes pour faire roidir le cable qui pourroit fans cette précaution. s'embaraffer fur le cable de
l'ancre , quand on moüille en calme
ou dans une mer étalée on doit toûjours donner au cable une braffe moins
que fond , parce qu'il feroit dangereux que l'ancre tombant à pic fur la
pate ne fe rompift , comme il arrive
fouvent , on ne doit filer le cable
qu'à mefure que le cable en demande ,
à caufe que fi on filoit davantage de
cable , le plis du fond pourroit auffi
s'embaraffer fur la pate de l'ancre.

De quelle maniere il faut moüiller vent arriere devant une place pour la canonner avec une Escadre de Vaiſſeaux, dans la mer Mediterranée.

Lors que l'on va vent arriere sur une place pour la canonner, il faut étalinguer une auſſiere ou un grellin sur l'arganeau de l'ancre qu'on veut moüiller, & paſſer le bout par un ſabord de la ſainte barbe, afin qu'étant moüillé on puiſſe virer deſſus, & mettre en même temps le côté à travers ſans s'embarraſſer, & lors que l'on aproche à la portée du canon, toute l'Eſcadre ſe met le côté à travers avec ſes deux huniers, & le perroquet d'artimon, l'on met auſſi le petit hunier ſur le maſt, & l'on ſe laiſſe inſenſiblement dériver ſur la place ſans crainte d'acci-

dent; de cette maniere l'on gouverne
fon Navire comme l'on veut, & l'on a
du temps pour fonder, & pour s'aprocher le plus prés que l'on peut, cette
manœuvre ne fe fait pas toutefois que
de temps, & l'on ne doit pas s'engager
de cette maniere fans avoir une flûte
moüillée avec deux groffes ancres au
milieu de l'Éfcadre, hors la portée du
canon, afin que les Navires puiffent
porter une ancre à toüer fur la flûte
pour fe retirer avec plus de facilité.

De quelle maniere l'on coupe un cable quand on eft moüillé proche d'une terre par un grand coup de vent & pour faire abattre un Navire du côté que l'on veut.

IL faut aboffer un greffin fur le cable dehors le Navire, & paffer le
bout du greffin par un fabord des plus

voifins de fainte barbe du côté que l'on
ne veut pas abattre, & le mettre au cabeftan pour le bien roidir, & lors que
le greflin eft aboffé, il faut filer le cable
jufqu'à ce que le Navire commence à
s'abattre du côté que l'on demande, &
pour lors il faut filer le cable fur les
bittes, quand le Navire eft traversé,
l'on coupe le greflin, & l'on appareille
le plus promptement que l'on peut, la
mizaine & les voiles que l'on juge à
propos pour paffer les terres que l'on
veut éviter, fi l'on ne prenoit pas bien
fes mefures, & que le Navire fe batift
du côté de terre, on couroit rifque de
fe perdre, parce que le Navire n'auroit
pas affez de temps pour arriver.

De quelle maniere il faut em- penneller une ancre pour l'empêcher de caffer.

Lors que l'on eft moüillé, il faut
que l'orin de l'ancre aye tout au-

moins le double de brasses de fond où l'on est, la boüée étant défrapée, il faut étalinguer le bout de l'orin sur une petite ancre à toüer, & lors que la marée porte en avant de l'ancre, il faut y porter l'ancre à toüer, qui étant moüillée soulage l'ancre, & empêche de casser.

De quelle maniere il faut em-penneller une ancre étant à la voile.

IL faut étalinguer l'orin qui est sur la pate de la grosse ancre, & une ancre à toüer où il y aura une petite manœuvre en guise d'orin & tenir hors du bord prest à moüiller, & lors que toutes les voiles seront carguées il faut venir au vent, au côté que l'on veut moüiller, & border l'artimon, & quand le Navire est amorti il faut laisser l'ancre à toüer, & ne moüiller la grosse ancre que lors que le greslin de l'ancre à toüer commence à faire force &

roidir , de cette maniere l'ancre ne pourra casser.

De toutes les differentes manœuvres de prendre & larguer les Ris , vent arriere & de bouline.

Lors que le vent n'est pas extrémement frais , & que les huniers sont dehors , si l'on veut prendre les Ris , il n'est pas necessaire de larguer les écoutes des huniers ny de carguer les huniers, il suffit de les amener, & de les brasser d'un bord ou d'autre, afin que le vent ne donne à plein , & que les Matelots puissent manier plus facilement la voile , il faut toûjours saisir au bout des vergues , les deux points du Ris, avant que d'amarer aucune autre garcete , & jettez aussi les plis du ris en avant de la voile , afin que les ris en soient mieux faits.

De quelle maniere il faut prendre un ris dans un gros temps.

DAns un gros coup de vent , il faut neceſſairement larguer les écoutes , carguer les points des huniers , & mettre les huniers dans la hune , autrement il ſeroit difficile de prendre un ris , par la raiſon que le vent donnant à plein dans les huniers , les écoutes étant bordées les gens qui ſeroient ſur les vergues & dans la hune ne pourroient hiſſer la ralingue du point du ris , à la faire toucher contre la vergue , c'eſt pourquoy l'on ne peut pas ſe diſpenſer de mettre les huniers dans la hune.

De quelle maniere il faut larguer un ris, vent arriere.

Lors qu'on veut larguer un ris vent arriere, il faut amener les huniers, & commencer à défaire les ris d'itague venant au bout de la vergue, par la raifon que fi on laiffoit une garcete dans le milieu du hunier, la voile pourroit fe rompre ; il faut remarquer que l'on ne doit jamais larguer un point de ris, fans larguer l'autre en même temps, ny les larguer que toutes les garcetes ne foient démarées, de crainte de déchirer la voile, comme j'ay dit cy-devant.

De quelle

De quelle maniere il faut prendre un Ris de bouline.

DAns un temps qui n'eſt pas forcé, il n'eſt pas neceſſaire de
mettre un hunier dans la hune, il faut
ſeulement que les Matelots portent la
voile du côté du vent autant qu'ils pour-
ront, afin que la ralingue du côté du
vent ne faſſe pas tant de force, & que
l'on puiſſe prendre le ris avec plus
de facilité; il eſt à remarquer que l'on
doit toûjours ſaiſir le point du ris du
côté du vent le premier; parce qu'il
n'eſt pas difficile de le faire ſous le
vent, car lors que celuy du vent eſt
pris le vent de lui-même aide à le prendre ſous le vent, la raiſon pour laquelle on fait haler la voile en avant, c'eſt
pour empêcher que le ris étant pris la
voile ne faſſe des rides.

G

De la maniere qu'il faut ferrer un hunier dans un gros temps, lors qu'on va de bouline.

IL faut amener les huniers & les braſ-
ſiers au vent, en larguant en douceur l'écoute deſſous le vent, de peur
qu'elle ne paſſe par deſſus le bout de
la vergue, pour éviter cet accident, il
faut tenir la bouline & peſer ſur les
contrefanons deſſous le vent, on largue en douceur l'écoute en carguant
les points deſſous le vent, par la raiſon que ſi on la carguoit tout d'un
coup il ſeroit dangereux de rompre un
hunier par les grandes ſecouſſes que
donneroit le point de la voile, lors
que le point eſt cargué ſous le vent,
l'on cargue avec la même précaution
celui du vent, & l'on ferre avec facilité le hunier, mais ſi l'on carguoit le
point du vent avant celui deſſous le

vent , il arriveroit que le vent venant
à donner dans la voile , il jetteroit la
ralingue , & le corps de la voile sous
le vent ; & cela donneroit de la peine
à serrer le hunier.

De quelle maniere il faut border un hunier lors qu'on va de bouline.

POur mettre les huniers dehors
étant à la voile de bouline lors
que les fonds sont défaits , & que la
voile est jettée hors la hune , il faut
toûjours border les points du vent le
premier , & ensuite ceux de dessous le
vent , par la raison que si l'on bordoit
les points de dessous le vent le premier , le vent qui donneroit dans la
voile sous le vent empêcheroit de border les points du vent ; c'est pourquoy
il faut toûjours commencer à border
au vent.

De quelle maniere il faut amurer les baſſes voiles d'un grand coup de vent.

IL faut tenir les bras du vent afin que le vent ne donne point à plein dans la voile, & qu'elle ſe puiſſe amurer avec plus de facilité, à meſure que l'on a muré les baſſes voiles, il faut larguer en douceur les points de deſſous le vent pour empêcher que la voile ne batte, & ne ſe déchire par les ſecouſſes qu'elle donneroit ſi on larguoit tout à coup les points de deſſous le vent, lors qu'on borde la grande écoute, il faut larguer en douceur les bras du vent afin d'empêcher autant qu'il ſe peut que la voile ne porte plein, & qu'elle ſe puiſſe border avec plus de facilité, l'on borde la grande voile juſques à ce qu'elle touche au premier auban, & la mizaine ne ſe borde pas ſi plate par la raiſon que l' amure eſt

portée au milieu du Navire, & que si
on la bordoit à toucher le premier auban comme la grande voile elle ne
porteroit pas, & ne feroit que dériver.

De quelle maniere il faut carguer les basses voiles dans un grand coup de vent.

IL faut larguer les écoutes de dessous le vent en douceur, & à mesure que l'on largue les écoutes hisser
le point de dessous le vent, pour empêcher les secousses, lors que l'on cargue l'amure, il faut aussi larguer en
douceur & brasser la grande vergue
au vent à mesure que l'on largue l'é-
coüet, il faut aussi hisser le point du
vent, car si on l'arguoit tout d'un coup
l'amure, la voile iroit contre l'étay, &
l'on auroit de la peine à carguer les
fonds & les cargueboulines; en car-

guant les points du vent, il faut carguer aussi les fonds, & les cargueboulines pour donner moins de temps au
vent de jetter la voile contre l'étay,
& pour la carguer avec plus de facilité.

De quelle maniere il faut faire les ris des basses voiles.

IL faut carguer la grande voile & la
mizaine de la maniere que nous l'a-
vons dit ci-dessus, & passer une manœuvre dans les poulies des bouts de
vergues qui servent à hisser les coute-
lats, & fraper cette manœuvre dessus
l'estrop du point du ris de chaque côté, les Matelots d'embas halant sur
cette manœuvre, & portant la ralingue à toucher la vergue, les Matelots
qui sont dessus, font le ris facilement;
il faut observer de bien amarer les balancines des vergues, & de bien saisir

le racage contre le maſt, afin que la vergue n'aye point de jeu; le mouvement fait tomber quelquefois des Matelots à la mer; comme j'ay vû par experience.

Dans nos Navires nous ne portons point de pallanquins babord & ſtribord du racage; je trouve que cette manœuvre ſeroit fort neceſſaire pour aprocher, & éloigner tant que l'on veut la vergue du maſt, les Holandois qui ſont bons manœuvriers s'en ſervent.

De quelle maniere il faut faire enverguer une baſſe voile dans un grand coup de vent.

IL n'eſt pas neceſſaire d'amener une vergue ſur le pont, il ſuffit de l'amener à mi-maſt, par le danger qu'il y auroit dans un gros roulis de perdre les Matelots qui ſeroient ſur le bout de la vergue; lors que la vergue eſt amenée pour la guinder plus facilement, il faut amurer & border la voile auparavant de la hisser, afin que le vent donnant dedans on puisse la guinder avec plus de facilité.

Les raisons pour lesquelles on doit manœuvrer comme nous faisons ordinairement, quand nous prenons vent devant avec les quatre corps de Voile.

LA plûspart des Pilotes lors que le Navire va de bouline, & qu'ils veulent prendre vent devant, commandent d'arriver pour donner de l'air au Navire, il convient qu'il faut que les voiles portent plein, mais il ne faut pas trop laisser arriver le Navire, par la raison qu'étant trop arivé, & que mettant tout d'un coup la barre à venir au vent, le gouvernail perd sa

force,

force, mais lors que les voiles portent pleines & prés sans toutefois ralinguer, il faut mettre le gouvernail droit, & aussi-tost que le Navire commence à venir au vent, il faut pousser la barre du gouvernail tout à fait sous le vent, brasser le petit hunier au vent afin qu'il ne porte pas si plein, larguer aussi l'écoute de mizaine en douceur, afin que le Navire aye toûjours de l'air en virant pour le faire courir de l'avant afin qu'il dérive moins, si on larguoit tout d'un coup l'écoute de mizaine dans une belle mer, le Navire ne laisseroit pas de virer vent devant, mais il est vray qu'il dériveroit & perdroit davantage en virant que larguant en douceur l'écoute de mizaine ; on largue la bouline de mizaine quand il commence à ralinguer, afin que le petit hunier étant sur le mast le Navire soit plûtost abatu ; ces manœuvres se font dans une belle mer unie, mais dans un grand vent & une grosse mer il ne faut jamais larguer la bouline du petit hunier, étant larguée venant en

H

core à porter il feroit dangereux de ne
pas virer dans une groffe mer, c'eft
aux bons manœuvres à connoître lors
qu'il faut larguer la bouline à propos.

Je fuis d'avis que dans les Vaiffeaux
du Roy nous portions deux écoutes
d'artimon, les deux écoutes fervent
lors qu'on va de bouline pour border
fous le vent au côté du Navire, afin
que la voile d'artimon n'étant pas fi
plate le Navire en coure mieux de
l'avant, & auffi lors qu'on veut virer
vent d'avant, on borde l'autre écoute
de vent à la voile faifant de force, le
Vaiffeau en vire plus aifément, l'on
affale la grande écoute de l'arriere lors
que les voiles de l'avant font fur le
maft, afin que rien n'empêche de carguer les voiles de l'arriere, l'on hiffe
le point de l'amure pour aider à dé-
charger la grande voile, j'entens lors
que l'on eft dans un beau temps, car
dans un grand coup de vent, la bouline étant tenuë il feroit dangereux de
ralinguer toute la voile, il faut obfer-
ver que lors que l'on décharge les voi-

les de l'arriere on doit larguer entie-
rement les bras du vent, si on ne les
larguoit pas tout à fait, il seroit dangereux dans un grand coup de vent de
rompre les vergues, par la raison que
donnant le vent sur les voiles, les bras
du vent étans tenus les pourroit aisé-
ment casser; l'on ne doit jamais craindre en larguant les bras du vent les
vergues se mettent en croix, & pour
lors il faut tenir les bras du vent, afin
que l'on empéche les voiles de porter
pour amurer avec plus de facilité.

De la maniere qu'on doit manœuvrer lors que l'on est à la cape dans un grand coup de vent.

IL faut mettre un palanc à l'estrop
du point d'amure pour soulager le
point de la voile, & afin que l'écoute
ne fasse pas tant de force, l'on y met
encore une fausse écoute qui saisit le

H ij

point deſſous le vent, il eſt neceſſaire
auſſi de fraper un cordage ſur le bout
de la grande vergue au vent, afin de
renforcer les bras pour empêcher que
la force du vent ne défonce la voile; il
faut fraper les treſſes larges de quatre
doigts à deux braſſes de l'itague de la
grande Vergue, babord & ſtribord, les
mettre en croix amatées ſur le point,
afin que les Voiles en ſoient mieux
ſaiſies ; les treſſes peuvent auſſi ſervir
quand on cargue les baſſes Voiles dans
un mauvais temps, afin d'empêcher
que la force du vent ne les jette ſur
l'étay, lors qu'elles ſont ſaiſies avec les
treſſes, cét accident n'arrive pas & on
les treſſe facilement.

Differentes manœuvres pour mettre sur panne lors qu'on est en corps d'Armée.

LOrs qu'on est en corps d'Armée, & en ordre de bataille ou de marche, pour mettre sur panne l'on brasse tout court les Voiles d'avant tout à fait sur le mast, & celles de l'arriere à porter, au contraire quand on est sur un Navire qui ne navigue pas bien, il faut mettre les voiles de l'arriere sur panne & faire porter celles de l'avant; si l'on veut mettre la mizaine & le petit hunier sur le mast, il n'est pas necessaire d'amener du petit hunier, mais si on met sur panne le petit hunier seul, il faut amener du petit hunier, par la raison que si le petit hunier étoit haut, les deux ralingues de babord & stribord étans toutes roides, il seroit impossible de traverser bien sur panne la vergue du petit hunier.

De quelle maniere il faut manœuvrer pour empêcher qu'un Navire ne prenne vent devant ou fasse chapelle.

LOrs qu'un Vaisseau est apareillé de bouline, & que le vent commence à faire ralinguer les Voiles de l'avant ; il faut promptement carguer l'artimon, & border l'écoute de mizaine & la traverser, si cela ne suffit pas & que le vent donne tout à fait sur les voiles pour faire arriver le Navire, il faut larguer la grande écoute ; brasser toutes les voiles de l'avant sur le mast, & haler les boulines de revers de mizaine & du petit hunier, afin que mettant la barre du gouvernail à ariver, outre les boulines halées, il faut encore ammarer l'écoute de revers de mizaine, & si quelques coutans ou marées rendent ces manœuvres inutiles, il faut abatre le Navire malgré qu'il en aye, il faudra neceſſairement prendre lof pour lof.

De quelle maniere il faut manœuvrer pour amener un maſt de hune bas, étant à la voile dans un mauvais temps.

IL faut carguer toutes les voiles de l'arriere & les ſerrer, arriver vent arriere & mettre au gouvernail un homme qui ſçache bien gouverner, afin qu'en gouvernant le Vaiſſeau ne donne point d'élan à babord ny à ſtribord ; le tout ainſi diſposé l'on amene la grande vergue ſur le pont, l'on fait ſervir autant de voiles de l'avant que le peut permettre le vent pour faire gouverner le Navire plus droit, enſuite de quoi il faudra faire virer au cabeſtan la guin-

dereſſe du maſt de hune , larguer en
douceur l'étay & les rides des aubans
& des galobans de hune , & en même
temps qu'on les a larguez , il faut que
les matelots qui ſont dans la hune frapent la clef du maſt pour la faire ſor-
tir , & la frapent ſans diſcontinuer , afin
que le maſt de hune venant à être
guindé , prenne juſtement ce temps-là
pour ôter la clef ; on brague au pied du
maſt de hune afin que ſi la guindereſſe
venoit à rompre cette manœuvre puiſſe tenir le maſt , il faut auſſi poſer un
autre manœuvre dans le trou de la clef
qui faſſe un tour ſur le maſt de hune ,
& ſoit toûjours ſaiſi à meſure qu'il s'a-
mené , & qu'il ne puiſſe joüer au roulis ;
car ſans cela il arriveroit que le maſt
romproit les barres de hune , il eſt neceſſaire auſſi qu'en l'amenant il y ayé
des matelots ſur le pont qui peſent ſur
l'étay & ſur les galobans , avec des
palanquins frapez pour retenir toûjours
le maſt ſujet , de cette maniere l'on évi-
te beaucoup d'accidens qui pourroient
arriver ; lors qu'on veut guinder les

maſts

mafts de hune, il faut prendre les mêmes précautions qu'en l'amenant.

De quelle maniere il faut manœuvrer quand on eſt démâté de tous mâts.

ORdinairement dans les Vaiſſeaux du Roy nous portons deux mafts de hune de rechange, l'un du grand hunier & l'autre du petit, l'on ſe ſert de ces deux mafts pour les remettre quand un mal-heur de cette nature eſt arrivé. Comme on ne démâte que rarement de l'artimon, il eſt neceſſaire quand tous les autres mafts ſont bas, de le démâter pour ſervir de maſt de mizaine, & mettre en avant des voiles tant que l'on peut, afin de faire arriver le Navire ; par la même raiſon il faut faire ſervir le grand maſt de hune de beaupré, & mettre celui du petit hunier à la place du grand maſt ; il eſt aiſé de faire venir le Navire au vent ;

I

mais il eſt tres-difficile de le faire arriver. L'élevation de la poupe eſt une
des raiſons principales pourquoy on ne
met pas de plus grand maſt à l'arriere,
car d'elle-même elle fait r'allier le Navire au vent, ſi toutefois la quantité
des voiles de l'avant les fait trop arriver, il faudra mettre une vergue de
hune qui ſervira d'artimon avec quelques voiles d'étay, il eſt certain que
de cette maniere un Navire en gouverne mieux que ſi on mettoit toute la
force des Voiles en arriere ; lors que le
maſt tombe à la mer, il faut couper
promptement toutes les manœuvres
qui pourroient le retenir, de crainte
que la mer les jétaſt contre le bord &
nouvriſt le Navire ; afin de ſauver quelques manœuvres, l'on frape une auſſiere ſur le maſt que l'on laiſſe filer der-
riere le bord du Navire, juſques à ce
que le temps permette de les repren-
dre.

De quelle maniere il faut mettre le Maſt de hune en place lors qu'on eſt démâté de tous les Maſts.

IL reſte ordinairement cinq ou ſix pieds du maſt au deſſus du pont quand un Navire eſt démâté; pour placer le maſt de hune il faut avoir une piece de bois qui ſerve de carlingue, pour mettre le pied du maſt de hune, & faire un michon, & cheviller la piece de bois avec le bau le plus voiſin du grand maſt au deſſus du pont, quand les lieures ſont faites y mettre des coins de bois de chaque côté pour mieux étraindre les lieures, & de cette maniere le maſt de hune eſt bien ſaiſi.

I ij

De quelle maniere l'on manœuvre pour couper un maft lors qu'on y eft forcé par un mauvais temps.

IL faut dégarnir le Maft que l'on veut couper de fa vergue & de tous les manœuvres qui pourroient le tenir, & le jettant à la mer n'y laiffer que les aubans & le grand étay, & pour faire tomber le maft fous le vent, il faut neceffairement couper les aubans au vent les premiers, & commençant de l'avant en arriere de crainte que le maft ne tombe en avant, & couper le maft deffous le vent, & lors que le maft commence à vouloir venir bas, il faut qu'il y aye des Matelots prefts avec des haches pour couper promptement le grand étay, & les aubans fous le vent; fi on coupoit les aubans fous le vent les premiers, le maft tomberoit facilement au vent, & pourroit crever le

Navire, quand on eſt contraint de couper un maſt étant moüillé à une Côte,
il faut tâcher de faire carguer le Navire du côté qu'on veut jetter le maſt
afin de luy donner une pente & couper le maſt avec les mêmes précautions que je viens de démontrer étant
à la voile.

De quelle maniere on doit remedier à une voye d'eau qui eſt ſous le Navire.

IL faut prendre une civadiere piquée
d'étoupe ſur laquelle il faut coudre
quatre cordages à travers , & amarer
des poids aux deux bouts d'enbas afin
de faire caler la voile , & lors qu'elle
eſt vis-à vis de la voye d'eau , l'on hale
ſur les cordages qui ſont couſus deſſus
la voile , qui étant bien ſaiſie contre le
cordage empêche que le Navire ne
faſſe tant d'eau.

De quelle maniere on peut le-
ver une groſſe Ancre d'a-
fourche avec une Chalou-
pe ſans aucun Homme de-
dans, lors qu'on eſt moüil-
lé ſous une Fortereſſe dont
on craint le canon & la
mouſqueterie, ou bien ſur
un haut fonds où on crain-
droit de toucher le juzan,
& où le Navire ne pour-
roit virer à pic ſur l'an-
cre.

JE fis la démonſtration à bord de
l'Eveillé en preſence de tous les
Officiers, & pour m'y préparer je
fis fraper une poulie ſur une erſe lon-
gue de deux braſſes, & fis amarer l'o-
rin ſur la croiſée de l'Ancre que je

voulus faire moüiller , je fis paſſer
une auſſiere dans la poulie de cette
erſe , & je fis ſaiſir les deux bouts de
cette auſſiere à babord & à ſtribord
du Vaiſſeau pour empêcher les touts ,
& lors que cette manœuvre fut fra-
pée de cette maniere je fis moüiller
l'Ancre d'afourche comme on fait
ordinairement en filant l'auſſiere
dont le bout étoit retenu dans le bord
ſur un côté de la poupe de la Chaloupe , je fis paſſer le garand ſur le
roüet qui eſt en arriere de la Chaloupe , & dans une poulie que j'avois
fait mettre proche & vis-à-vis du
roüet , ce même garand paſſoit encore dans une ſemblable poulie que
j'avois fait mettre en avant de la
Chaloupe pour empêcher de ſe traverſer , des Matelots halerent à force de bras ſur cette auſſiere , & la
Chaloupe courant toute ſeule , la
poupe la premiere vint à pic ſur ſon
Ancre avec tant de force qu'elle la
leva plûtôt que les Matelots qui ha-
loient s'en aperçûrent , & je la fis

haler sur les bossoirs, & faisant virer sur le cable pour la r'embarquer,
la Chaloupe aporta son Ancre sus-
penduë à son arriere, je la fis capon-
ner aussi-tost, cette manœuvre se fit
plus promptement que si j'avois levé
cette Ancre par les cheveux comme
on fait ordinairement.

F I N.

www.ingramcontent.com/pod-product-compliance
Lightning Source LLC
Chambersburg PA
CBHW070917280326
41934CB00008B/1762